UNA MIRADA
AUDAZ

A DARING LOOK

EDICIÓN - EDITION

Fernando de Haro • Omar Fuentes

UNA PRODUCCIÓN DE:

EDITORES

AUTORES . AUTHORS

Fernando de Haro & Omar Fuentes

DISEÑO Y PRODUCCIÓN EDITORIAL
EDITORIAL DESIGN & PRODUCTION

AM Editores S.A. de C.V.

DIRECCIÓN DEL PROYECTO . PROJECT MANAGERS

Carlos Herver Díaz

Ana Teresa Vázquez de la Mora

Laura Mijares Castellá

COORDINACIÓN . COORDINATION

Ana Lydia Arcelus Cano

Cristina Gutiérrez Herce

Alejandra Martínez - Báez Aldama

COORDINACIÓN DE PREPRENSA
PREPRESS COORDINATION

José Luis de la Rosa Meléndez

CORRECCIÓN DE ESTILO . COPY EDITOR

Abraham Orozco González

TRADUCCIÓN . TRANSLATION

That elusive word translations. Fionn Petch

Architextos

ARQUITECTOS MEXICANOS
"UNA MIRADA AUDAZ"
HOUSES
"A DARING LOOK"

© 2013, Fernando de Haro & Omar Fuentes

AM Editores S.A. de C.V.
Paseo de Tamarindos 400 B, suite 109,
Col. Bosques de las Lomas, C.P. 05120,
México, D.F., Tel. 52(55) 5258 0279,
ame@ameditores.com
www.ameditores.com

ISBN Español 978-607-437-242-7
ISBN Inglés 978-607-437-243-4

Impreso en China • Printed in China.

CONTENIDO
CONTENTS

"Una Mirada Audaz" nos ofrece, de cierta forma, cristalizar un sueño, "conocer" más allá de cumplir con los requisitos que entraña la definición de esa palabra. Este sueño muchas veces implica el tener un destino de descanso y lleva consigo todo lo que nos pueda relajar. Dentro de la arquitectura, a través de la aplicación de nuevos materiales nunca antes utilizados en la vivienda, este sueño nos entrega sensaciones de trazos limpios y claros; o quizás todo lo contrario, una mirada barroca llena de detalles. A todo esto le podemos sumar los adelantos tecnológicos que se utilizan hoy en día dentro de una vivienda con servicios inteligentes, para transmitir nuevas sensaciones o para dar un mayor dramatismo a la arquitectura. Todo esto nos lo muestra "Una Mirada Audaz", el horizonte de la arquitectura mexicana contemporánea que este libro explora con nosotros.

Arquitectos Mexicanos nos lleva a un paseo, invitándonos a conocer lo más nuevo y representativo de la arquitectura mexicana actual en materia de vivienda; y de esta manera se convierte en una gran herramienta para clientes, profesionistas y estudiantes. Su lectura, sin duda, hará más fácil decidir en cuanto a qué estilos y detalles se utilizarán en los nuevos proyectos.

Hace 25 años, sin ir más lejos, tanto la tecnología, como los materiales que podíamos utilizar los arquitectos en México, eran exclusivamente locales; esto definió, seguramente, una arquitectura propia, que en su momento lograron grandes exponentes como Barragán y Legorreta, por poner un ejemplo. Hoy en día estos mismos despachos, como muchos otros, no han dejado de asombrarnos con la utilización de nuevas herramientas y avances tecnológicos, conservando los fundamentos de su arquitectura, pero traspasando las fronteras y llevando a todo el mundo su propio concepto. También nos ofrece la oportunidad de conocer nuevas generaciones de arquitectos que nos demuestran su dinamismo en la utilización de los materiales, cultivando nuevos conceptos de vivienda.

Por todo esto, creo que debemos agradecer a Arquitectos Mexicanos el entregarnos esta mirada audaz de la arquitectura contemporánea, que poco a poco estará escribiendo la nueva historia.

JOSÉ M. NOGAL MORAGUES

"A Daring Look" invites us, in a sense, to make our dreams a reality and to discover in a way that goes beyond the everyday meaning of that word. This dream often implies a restful destination and carries with it everything that we find relaxing. In architecture, with the application of new materials never before used in homes, this dream delivers sensations of clean, bright lines —or, on the contrary, a baroque gaze rich in details—. To all this we may add the technological advances in use today in a home with intelligent services, to transmit new sensations or endow the architecture with a greater sense of drama. All of this is shown in the exploration of the horizon of contemporary mexican architecture that is "A Daring Look."

"Houses" takes us on a journey that invites us to discover the newest and most characteristic expressions of residential mexican architecture, making it a superb tool for clients, professionals and students. It is a book that without a doubt will be of assistance when choosing the styles and details to use in new projects.

Twenty-five years ago, the technology and materials available to architects in Mexico were exclusively of local provenance. This fact helped to shape a unique national architecture, which saw its greatest expression in Barragán and Legorreta, among others. Today these same firms, like many others, continue to surprise us with the use of new technological tools and advances, retaining the essence of their architecture but crossing borders to take their unique concept to everyone.

Meanwhile, we also have the opportunity to meet new generations of architects who display their dynamism in the use of materials while cultivating new home concepts. These are all reasons to be grateful to Houses for delivering us this "daring look" at contemporary architecture, which little by little will write its new story.

JOSÉ M. NOGAL MORAGUES

P.P. 4-5 **ENRIQUE BARDASANO MONTAÑO, DIEGO BARDASANO ARIZTI, ANDRÉS BARDASANO ARIZTI**
FOTÓGRAFO / PHOTOGRAPHER. HÉCTOR VELASCO FACIO.
P.P. 6-7 **GILBERTO L. RODRÍGUEZ** FOTÓGRAFO / PHOTOGRAPHER. JORGE TABOADA.
P. 8 **EMILIO CABRERO, ANDREA CESARMAN, MARCO A. COELLO**
FOTÓGRAFO / PHOTOGRAPHER. VÍCTOR BENÍTEZ.
P. 10 **FERNANDO DE HARO LEBRIJA, JESÚS FERNÁNDEZ SOTO, OMAR FUENTES ELIZONDO, BERTHA FIGUEROA PACHECO**
FOTÓGRAFO / PHOTOGRAPHER. LEONARDO PALAFOX.
P.P. 12-13 **JORGE CONDE** FOTÓGRAFO / PHOTOGRAPHER. HÉCTOR VELASCO FACIO Y JORGE CONDE.
P. 15 **FERNANDO DE HARO LEBRIJA, JESÚS FERNÁNDEZ SOTO, OMAR FUENTES ELIZONDO, BERTHA FIGUEROA PACHECO**
FOTÓGRAFO / PHOTOGRAPHER. LEONARDO PALAFOX.
P. 217 **CARLOS STAINES** FOTÓGRAFO / PHOTOGRAPHER. HÉCTOR VELASCO FACIO.
P.P. 222-223 **CARLOS MAGAÑA VALLADARES, MAURICIO MAGAÑA FERNÁNDEZ,** FOTÓGRAFO / PHOTOGRAPHER. IVÁN CASILLAS.

RICARDO **AGRAZ**

Autor de un considerable número de casas habitación, edificios y obra pública en su natal Guadalajara, Jalisco, así como en otras partes del país, Ricardo Agraz está tejiendo una trayectoria marcada por un permanente esfuerzo de síntesis y depuración, donde la premisa es la búsqueda de una perfección inalcanzable. Junto con Carlos Ávila, ejecutor magistral de la Casa del Viento, ha compartido una vigorosa inquietud por encontrar en el arte contemporáneo los estímulos necesarios para alimentar sus indagaciones estéticas.

Creator of several houses, buildings and public works in his hometown, Guadalajara, Jalisco, Mexico, as well as in other parts of the country, Ricardo Agraz is weaving an architectural career that is marked by a permanent effort for synthesis and refinement where the basis is a search for an unreachable perfection. Together with Carlos Ávila, master builder for this house, he shares a vigorous interest for finding in contemporary art the stimulus that nourishes their aesthetic inquiry.

CASA DEL VIENTO - FOTÓGRAFO / PHOTOGRAPHER MITO COVARRUBIAS

MARIO **ARMELLA GULLETTE**

Armella Arquitectos es una firma con 40 años de experiencia que se ha enfocado principalmente a la proyección y construcción de casas unifamiliares, conjuntos residenciales y edificios de departamentos y oficinas. "En cada proyecto buscamos hacer una arquitectura humana, que cuide la intimidad y vida privada de la familia, que se adapte al contexto y respete las raíces de nuestro país, usando materiales y tecnología contemporáneos. Nuestras obras son volúmenes escultóricos en armonía con su entorno, integrando exterior e interior mediante el uso de terrazas, pérgolas, patios y jardines. Usamos tecnología y recursos que las hagan sustentables minimizando su impacto ambiental. Colaboramos con el cliente para que cada proyecto sea personal y único."

Armella Arquitectos is a firm with 40 years of experience primarily focused on the design and construction of single-family homes, residential compounds and apartment and office buildings. "In each project, we endeavor to create human architecture, which honors the intimacy and private life of the family, adapting to its context and respecting our country's roots, using contemporary materials and technology. Our works are sculpted volumes in harmony with their surroundings, integrating the interior and exterior by using terraces, pergolas, patios and gardens. We use technology and resources that make them sustainable, minimizing their environmental impact. We work with the client so that each project is unique and personal."

CASA EN LA PRIMAVERA - FOTÓGRAFO / PHOTOGRAPHER ALBERTO MORENO GUZMÁN

ENRIQUE **BARDASANO MONTAÑO** · DIEGO **BARDASANO ARIZTI**
ANDRÉS **BARDASANO ARIZTI**

Treinta y cinco años de experiencia que se ven reflejados en cada espacio que proyecta. Enrique Bardasano rompió el estilo colonial que caracterizaba sus diseños, con la incorporación de Andrés y Diego Bardasano, para dar vida a una arquitectura mexicana contemporánea. Su propuesta pretende crear ambientes cálidos, modernos y elegantes, para lo cual pone especial atención en los remates, como fuentes y jardines, que se ofrecen a la vista desde cada ventana. Para el despacho, el arquitecto es un intérprete de las ideas de los clientes, es el responsable de traducirlas al lenguaje de la arquitectura y de establecer un fructífero vínculo de comunicación con cada uno de ellos.

Thirty-five years of experience reflected in every project. Following the incorporation of Andrés and Diego Bardasano, Enrique Bardasano broke away from the characteristic colonial style of his earlier designs to develop a contemporary Mexican style of architecture. The practice aims to create warm, modern, and elegant environments paying special attention to finishing touches such as fountains and gardens, which can be seen from every window. They believe the task of the architect is to interpret clients' ideas and translate them into the language of architecture, while maintaining a fruitful dialogue.

CASA TOLSA - FOTÓGRAFO / PHOTOGRAPHER HÉCTOR VELASCO FACIO

GERARDO **BROISSIN** · MAURICIO **CRISTÓBAL**
RODRIGO **JIMÉNEZ** · ALEJANDRO **ROCHA**

BROISSINarchitects ha sido reconocida como una de las oficinas de vanguardia mundial por *Architectural Record* de Nueva York, ha recibido el Premio Nacional de Interiorismo y la medalla de oro en la IV Bienal Internacional de Diseño. Fue fundada en el año 2000 por Gerardo Broissin, su obra ha sido ampliamente publicada en los cinco continentes y se caracteriza por la generación de nuevas propuestas enfocadas en una extensa variedad de geometrías, texturas y aproximaciones ideológicas. Sostiene la convicción de que la innovación, aplicada en los procesos, productos y servicios, puede influir en el futuro de la sociedad, mejorando la calidad de vida.

BROISSINarchitects has been heralded by New York's Architectural Record as one of the world's top avant-garde firms, and was awarded the National Interior Design Prize and the gold medal at the Fourth International Design Biennial. It was founded in 2000 by Gerardo Broissin, whose work has been published extensively in the five continents and stands out for the production of new proposals based on a broad spectrum of geometries, textures and ideological approaches. Broissin firmly believes that innovation, as used in processes, products and services, has a part to play in the society of the future by improving quality of life.

LAS CAMPANAS - FOTÓGRAFO / PHOTOGRAPHER
PAUL CZITROM Y ALEJANDRO ROCHA

C Cúbica Arquitectos es un despacho multidisciplinario, fundado hace 25 años por Emilio Cabrero, Andrea Cesarman y Marco Coello, dedicado a la creación y diseño de espacios arquitectónicos. Su fundamento descansa en integrar todas las áreas de diseño, como urbanismo, arquitectura, diseño interior y diseño industrial. Entre sus proyectos destacan las casas habitación, los edificios corporativos, la arquitectura de interiores y, recientemente, obras de impacto social urbano como plazas cívicas y centros culturales. El despacho es, asimismo, creador del *Design Week* México, un evento anual cuyo objetivo es promover y difundir el diseño y la arquitectura de nuestro país en todo el mundo.

C Cúbica Arquitectos is a multidisciplinary practice founded 25 years ago by Emilio Cabrero, Andrea Cesarman and Marco Coello, dedicated to the creation and design of architectural spaces. The rationale of the practice lies in integrating all the areas of design including urbanism, architecture, interior design and industrial design. Projects include private houses, corporate buildings, interior architecture and, recently, works with an urban social impact such as civic plazas and cultural centers. The practice is also behind Design Week Mexico, an annual event aimed at promoting and disseminating Mexican design and architecture around the world.

CASA DEL CRISTAL - FOTÓGRAFO / PHOTOGRAPHER VÍCTOR BENÍTEZ

ALEX **CARRANZA VALLES** · GERARDO **RUIZ DÍAZ**

Su arquitectura es individual, con trazos curados a mano, donde las rectas y las curvas suelen danzar en función de las vistas y las circulaciones simples, crean vestíbulos por los que hay que entrar y detenerse para saborear el siguiente espacio. El buen vivir lo transmiten con sus palabras y lo ejecutan con su equipo en el taller desde donde salen todos los días nuevas ideas para mejorar la calidad de vida de quienes los contratan. La casa habitación se ha convertido en el máximo distintivo de la arquitectura mexicana contemporánea y la mancuerna formada por Alex Carranza y Gerardo Ruiz se ha posicionado como la más solicitada para construir la residencia soñada.

Their architecture is distinct. Using hand-traced lines, in which straight lines and curves appear to dance based on views and simple circulation, they create lobbies that you just have to enter and linger in to savor the next space. They convey the good life with their words and execute it with their team in the studio from which new ideas emerge every day in order to improve the quality of life of their clients. The home has become the hallmark of contemporary Mexican architecture and the team formed by Alex Carranza and Gerardo Ruiz is the most sought-after for the building of dream homes.

P.P. 65-73 RANCHO ALBERO / P.P. 74-79 CASA DEL SABINO - FOTÓGRAFO / PHOTOGRAPHER HÉCTOR VELASCO FACIO

ARTURO **CHICO CALVO**
RODRIGO **GONZÁLEZ SHEDID** · PEDRO **SHVEID SÁEZ**

La arquitectura contemporánea, basada en el equilibrio entre lo estético y lo funcional, es el resultado de los proyectos y obras de la firma CGS Arquitectos. El manejo de volúmenes limpios, espacios amplios y acogedores, acabados sobrios, además de integrar la tecnología y la responsabilidad ecológica, es el común denominador de la arquitectura ejecutada por Arturo Chico, Rodrigo González y Pedro Shveid. La firma ha destacado en el medio residencial gracias a la confianza y transparencia que se obtienen a partir de la atención personalizada de los socios. CGS Arquitectos tiene como objetivo realizar una arquitectura responsable y congruente con las necesidades de cada cliente, con lo cual consiguen espacios y expresiones únicas.

Contemporary architecture based on getting the balance just right between appearance and practicality is the hallmark of the projects carried out by the firm CGS Arquitectos. The common denominator in the architectural offerings of Arturo Chico, Rodrigo González and Pedro Shveid is the use of clean volumes, spacious and cozy areas, and light surfaces with emphasis on cutting-edge technology and environmental responsibility. This company has made its mark in the residential market thanks to the trustworthiness and transparency achieved through the customized service provided by the owners. The aim of CGS Arquitectos is to create responsible architecture that satisfies the needs of each client and affords unique spaces and expressions.

CASA CUMBRES DE SANTA FE 5 - FOTÓGRAFO / PHOTOGRAPHER
PAUL CZITROM

La arquitectura es, para Fernando Cibrian Castro, el medio perfecto para expresar sus ideas y ha hecho de ella su forma de vida. Propone que el arquitecto debe ser capaz de interpretar las necesidades del cliente, traducirlas a un lenguaje congruente y diseñar espacios que trasciendan la utilidad a través del equilibrio de las formas y colores.

En el año 2000 funda CIBRIAN arquitectos, formando un equipo multidisciplinario que ha hecho del pragmatismo su filosofía de trabajo, acumulando experiencia en el desarrollo de proyectos, con diseño contemporáneo y de vanguardia, colocando al estudio entre los más importantes de Puebla y proyectándolo a todo el país.

To Fernando Cibrian Castro, architecture is the perfect means for expressing his ideas, and he has turned it into a way of life. He believes an architect should be capable of interpreting the needs of the client, translating them into a coherent language and designing spaces that transcend utility through a balance of forms and colors.

In 2000 he founded CIBRIAN arquitectos, assembling a multidisciplinary team that has made pragmatism its working philosophy, and accumulating experience in project development with contemporary and avant-garde design to make it one of the leading studios in Puebla, with nationwide projection.

CASA DIAMANTE - FOTÓGRAFO / PHOTOGRAPHER
HÉCTOR VELASCO FACIO

JORGE **CONDE**

Conde & Arquitectos es una unión de talentos que supera las expectativas de sus clientes, produciendo espacios donde destacan la armonía de formas, de texturas, de luz y color. Una arquitectura limpia y ordenada comprometida con proyectos de alta calidad y a la vanguardia, donde sobresalen maderas finas, mármol y cantera, logrando la integración entre interior y exterior que caracteriza el estilo mexicano contemporáneo que cultiva la firma. El despacho es dirigido por Jorge Conde Guzmán, con la colaboración de José Alberto Ruiz, Luis Rodrigo León y María del Carmen Martínez.

The Conde & Arquitectos firm combines talents that exceed client expectations, creating spaces that highlight the harmony of forms, textures, light and color. The architectural style of Conde & Arquitectos is clean and well-organized. They are committed to high-quality, avant-garde projects, using fine wood, marble and quarry stone, bringing together the indoors and outdoors in the firm's contemporary Mexican style. The office is run by Jorge Conde Guzmán, together with José Alberto Ruiz, Luis Rodrigo León and María del Carmen Martínez.

VILLA SANTA FE - FOTÓGRAFO / PHOTOGRAPHER
HÉCTOR VELASCO FACIO Y JORGE CONDE

99

101

FERNANDO **DE HARO LEBRIJA** · JESÚS **FERNÁNDEZ SOTO**
OMAR **FUENTES ELIZONDO** · BERTHA **FIGUEROA PACHECO**

Abax cuenta en su haber con innumerables proyectos residenciales, y en este andar ha encontrado el camino que las tendencias marcan en la manera de vivir la arquitectura, siendo precisamente el vivir la arquitectura el motor del diseño e inspiración de sus obras. El habitante, el cliente, es quien vivirá esa obra arquitectónica y la visión de los arquitectos Fernando de Haro, Jesús Fernández y Bertha Figueroa es el entendimiento de los requerimientos, necesidades y expectativas de sus clientes para con ello lograr un producto óptimo.

Abax has countless residential projects to its credit, learning as a result that the path of current trends lies in the way people experience architecture. It is this very experience of architecture that inspires and drives the design of the firm's buildings. It is the occupant—the client— who will experience the completed construction, and the vision of architects Fernando de Haro, Jesús Fernández and Bertha Figueroa is to understand the requirements, needs and expectations of their clients in order to achieve the optimum result.

RANCHO MONARCA - FOTÓGRAFO / PHOTOGRAPHER LEONARDO PALAFOX

FRED **DIONNE**

Dionne Arquitectos es un despacho de jóvenes profesionistas, ubicado en la ciudad de Puebla y cuyo trabajo se concibe como el resultado de una exploración intuitiva, complemento, asimismo, de una metodología de diseño propia, siempre enfocada hacia la atención al detalle. Dedicado a explorar con el juego de la luz, el uso de las formas, texturas y materiales, el despacho desarrolla obras que inspiran y transforman las experiencias del usuario. A lo largo de su trayectoria, sus integrantes han acumulado experiencia en proyectos de vivienda unifamiliar y colectiva, oficinas, comercio, intervención y reutilización de edificios y arquitectura del paisaje.

Dionne Arquitectos is an office of young professionals located in the city of Puebla, whose work is the result of intuitive exploration, supporting their own design methodology, while always focusing on attention to detail. Dedicated to exploring play of light and the use of forms, textures and materials, the office develops works that inspire and transform the experiences of the user. Throughout its trajectory, its employees have accumulated experience through projects for single-family and collective housing, offices, commerce, intervention and re-use of buildings and landscape architecture.

CASA ATT - FOTÓGRAFO / PHOTOGRAPHER PATRICK LÓPEZ JAIME / DIONNE ARQUITECTOS

JAVIER **DUARTE MORALES**

DM Arquitectos ha evolucionado para mantenerse a la vanguardia en el diseño y construcción de viviendas residenciales, en esta ocasión, contando con la colaboración de la decoradora Elena Talavera. Su misión es la de diseñar y construir espacios únicos, con carácter, que satisfagan plenamente las necesidades de sus clientes, cumpliendo las más altas expectativas de calidad, control presupuestal y tiempo de ejecución. La premisa que norma su trabajo es la de que el cliente debe recibir más de lo que espera, buscando la excelencia en el servicio, así como en la estética, funcionalidad, seguridad y respeto a la ecología.

DM Arquitectos has evolved and remains at the forefront of the design and construction of residential housing, on this occasion in collaboration with interior designer, Elena Talavera. Its mission is to design and construct unique spaces with character, which fully satisfy the needs of its clients and comply with the highest levels of quality, budget control and execution time. The basic premise that governs its work is that the client should receive more than he/she expects, seeking excellence in service, as well as in aesthetics, functionality, security and respect for ecology.

CASA SHANTI - FOTÓGRAFO / PHOTOGRAPHER CECILIA DEL OLMO

PATRICIO **GARCÍA MURIEL**

PGM Arquitectura nace de la inquietud de su fundador, Patricio García Muriel, por ofrecer paquetes de servicios integrados que van desde el diseño arquitectónico contemporáneo y diseño de interiores, hasta la complementación de servicios de ingeniería y construcción que respondan a las necesidades tanto de los inversionistas y desarrolladores como de los particulares. Es un grupo de diseño y construcción de vanguardia donde la calidad, el control de costos y la puntualidad son un compromiso. Su objetivo es la satisfacción del cliente. Esta es la respuesta de PGM Arquitectura a los requerimientos de excelencia de los estándares internacionales.

PGM Arquitectura is the result of the desire of its founder, Patricio García Muriel, to offer comprehensive service packages that include contemporary architectural and interior design together with engineering and construction expertise, to respond to the needs of investors, developers and individuals. It is a cutting-edge design and construction group with a commitment to quality, cost control and punctuality. The overriding aim is the client's satisfaction. This is the response of PGM Arquitectura to the excellence demanded by international standards.

CASA GG - FOTÓGRAFO / PHOTOGRAPHER TATIANA MESTRE

CARLOS **MAGAÑA VALLADARES** · MAURICIO **MAGAÑA FERNÁNDEZ**

Buscando una manera de transmitir las bases de la arquitectura mexicana contemporánea, el arquitecto Carlos Magaña Valladares creó, en 1988, el Grupo MM. Sumando mentes creativas con Mauricio y Becky Magaña, más tarde ha logrado crear un despacho cuyo propósito es el de satisfacer las necesidades del cliente sin dejar atrás un innovador y único diseño. "Para la elaboración de nuestros proyectos tomamos como base la simpleza y funcionalidad en los espacios para que, junto con la iluminación natural y los detalles arquitectónicos, logren transmitir la serenidad y calidez con la que deseamos que sean habitados."

Looking for a way to convey the basics of contemporary Mexican architecture, architect Carlos Magaña Valladares created Grupo MM in 1988. Later adding the creative minds of Mauricio and Becky Magaña, he has created a firm whose purpose is to satisfy customer needs with innovative and unique designs. "In the development of our projects, we begin with a base of simplicity and functionality in the spaces so that, along with natural lighting and architectural details, they succeed in conveying the serenity and warmth in which we want them to be inhabited."

CASA SILLAR - FOTÓGRAFO / PHOTOGRAPHER IVÁN CASILLAS

In family life, LOVE is the oil that eas

GENARO **NIETO ITUARTE**

Genaro Nieto se vale de su conocimiento y experiencia para hacer de sus obras elementos espaciales únicos, sin perder de vista el estilo que lo caracteriza e identifica. En su obra se puede sentir una evolución constante sin dejar de lado su esencia y atención por las necesidades de espacio y respeto por el entorno. La adaptabilidad, visión y solución espacial que imprime en sus proyectos van más allá de esquemas convencionales y los pone de manifiesto en sus obras, cada una con características propias, cuidando los detalles, la elegancia y la comunión entre construcción y naturaleza. Genaro Nieto, quien encabeza la firma Grupo Arquitectónica, tiene en su calidad humana una herramienta con la cual atiende y da forma a las necesidades, gustos, expectativas y sueños de quienes en él depositan su confianza.

Genaro Nieto avails himself of his knowledge and experience to make his works unique spatial elements, without missing the style that characterizes and identifies him. A constant evolution is visible in his work without leaving aside its essence, the attention to the requirements of the space and respect for the surroundings. The adaptability, vision and spatial solution that are imprinted in his projects go beyond conventional schemes and he displays this in his works, each one with their own characteristics, attention to detail, the elegance and the communion between construction and nature. Genaro Nieto, who is the head of the company Grupo Arquitectónica, has in his human quality a tool for responding to and structuring the necessities, preferences, expectations and dreams of those who place their trust in him.

P.P. 153-159 CASA DE LOS LAGOS / P.P. 160-168 CASA MAP - FOTÓGRAFO / PHOTOGRAPHER HÉCTOR VELASCO FACIO

José Nogal es, ante todo, un arquitecto que se caracteriza por su capacidad para buscar y encontrar la comodidad y la plena satisfacción del cliente. Para ello pone particular empeño en conocer sus aspiraciones, interpretarlas y traducirlas correctamente. En este proceso, un elemento esencial es el propósito de integrar la naturaleza como remate visual y a ello contribuye el aprovechamiento de la luz natural que se halla presente en cada una de sus construcciones. Lo que ha realizado en México el arquitecto Nogal, además de haber enriquecido su experiencia, le ha permitido incursionar en los mercados de Estados Unidos y Centroamérica, siempre con la convicción de mantener los valores básicos de la arquitectura, fundamentos del diseño y elementos clásicos que, luego de varios años de trabajo, son el sello distintivo de sus obras.

José Nogal is, above all, an architect who is known for his ability to seek out and find comfort and complete satisfaction for his clients. For this purpose, he puts special effort into understanding their aspirations, and then correctly interpreting and translating them. In this process, an essential element is the attempt to integrate nature as a visual finish, taking advantage of the natural light present in each of his buildings. What Nogal has done in Mexico, besides enriching his experience, has allowed him to make inroads into markets in the United States and Central America, always with the conviction of maintaining the core values of architecture, the design fundamentals and the classical elements which, after several years of work, are the hallmark of his architecture.

CASA BOSQUES SEIS - FOTÓGRAFO / PHOTOGRAPHER VÍCTOR BENÍTEZ

ÁNGEL **OLAVARRIETA PEÑA** · ÁNGEL **OLAVARRIETA GONZÁLEZ**

Ángel Olavarrieta Peña ingeniero por profesión, arquitecto por vocación. La combinación perfecta para edificar una constructora con más de 25 años de experiencia, que hoy ha construido más de 150 residencias en la zona metropolitana, uniendo el talento de toda una familia. Ángel Olavarrieta González es un joven arquitecto que desde pequeño descubrió su pasión por "crear" y "desarrollar". Estudió arquitectura en la Universidad Iberoamericana obteniendo su título en 2011. A partir de ese momento comenzó a consolidar su despacho, en el que ha desarrollado proyectos de vivienda particular y multifamiliar, oficinas y escuelas. En este proyecto trabajaron padre e hijo, uniendo experiencias, conocimientos y gustos. Su estilo es contemporáneo moderno, elegante pero a la vez sobrio, buscando una arquitectura humana y respetuosa de su entorno y sus raíces.

Ángel Olavarrieta Peña is an engineer by profession and an architect by conviction. The perfect combination to establish a construction company that now boasts over 25 years of experience, and has built over 150 residences in the metropolitan area, combining the talent of a whole family. Ángel Olavarrieta González is a young architect who discovered his passion to create and develop when he was still a boy. He studied architecture at the Universidad Iberoamericana, graduating in 2011. He immediately set about establishing his practice, which has undertaken projects for private residences, apartment buildings, offices and schools. Father and son worked together on this project, sharing their experience, knowledge and tastes. Their style is modern contemporary, elegant but sober, and aims to create a human-scale architecture in harmony with its context and its roots.

CASA RAÍZ - FOTÓGRAFO / PHOTOGRAPHER
HÉCTOR VELASCO FACIO

GILBERTO L. **RODRÍGUEZ**

Egresado del Tecnológico de Monterrey y con maestría por la *Graduate School of Design* de la Universidad de Harvard, Gilberto L. Rodríguez ha incursionado en proyectos residenciales de nivel alto así como en proyectos inmobiliarios de usos mixtos, desarrollando tanto en arquitectura como en el diseño de interiores. Con un lenguaje sobrio y contemporáneo, y apoyándose en la calidez de los materiales naturales, sus espacios adquieren una cualidad atemporal, siempre al margen de las modas. Actualmente desarrolla proyectos en México, Estados Unidos y Arabia Saudita. Su trayectoria ha sido reconocida con más de 30 premios nacionales e internacionales.

A graduate of the Tecnológico de Monterrey, with a Masters degree from the University of Harvard's Graduate School of Design, Gilberto L. Rodríguez has undertaken high-end residential projects as well as mixed-use real estate projects, working in both architecture and interior design. Using a sober, contemporary language that relies on the warmth of natural materials, his spaces project a timeless quality that stands apart from transient fashions. He is currently developing projects in Mexico, the United States and Saudi Arabia. His career has won recognition with over 30 Mexican and international awards.

CASA CH - FOTÓGRAFO / PHOTOGRAPHER JORGE TABOADA

CARLOS **STAINES**

Staines Arquitectos es un despacho dedicado al diseño, creación y construcción de espacios puros en armonía con el entorno, siempre con la premisa de generar ambientes que convivan en un contexto funcional y contemporáneo. Desde el 2002, con más de 10 años de experiencia en el área residencial, comercial y corporativa, ejecutan y desarrollan las ideas del cliente optimizando los recursos al máximo. Cuentan con un equipo multidisciplinario formado por los mejores especialistas en todas las áreas del diseño, satisfaciendo las más altas exigencias del mercado.

Staines Arquitectos is a firm dedicated to the design, creation and construction of pure spaces in harmony with their surroundings, with constant attention to generating atmospheres that coexist in a functional, contemporary context. Since 2002, and with more than 10 years of experience in the residential, commercial and corporate sectors, the firm executes and develops the ideas of its clients while seeking to optimize available resources. It comprises a multidisciplinary team formed of leading experts in all areas of design, to meet the highest expectations of the market.

CASA DEL BOSQUE - FOTÓGRAFO / PHOTOGRAPHER
HÉCTOR VELASCO FACIO

OSCAR **URIBE VILA**

Uribe + Arquitectos es una firma inspirada en la creación de espacios que mejoran la condición humana. Nuestra arquitectura busca dar un nuevo significado a elementos culturales mexicanos y llevarlos a un plano universal. Nos caracterizamos por la exploración de las necesidades de nuestros clientes y su transformación en proyectos en los que el diseño y la tecnología se fusionan. El resultado es la creación de espacios sintonizados con el entorno que transcienden su propósito inicial.

Uribe + Arquitectos is a firm whose undertaking is to create spaces that improve the human condition. Our architecture strives to infuse Mexican cultural elements with new meaning and switch them over to a universal plane. Our work is characterized by the exploration of clients' needs and their transformation into projects that merge design and technology. The outcome is spaces that are in synch with the surroundings and exceed their initial intention.

CASA ESTUDIO OM - FOTÓGRAFO / PHOTOGRAPHER YOSHIHIRO KOITANI

DIRECTORIO DIRECTORY

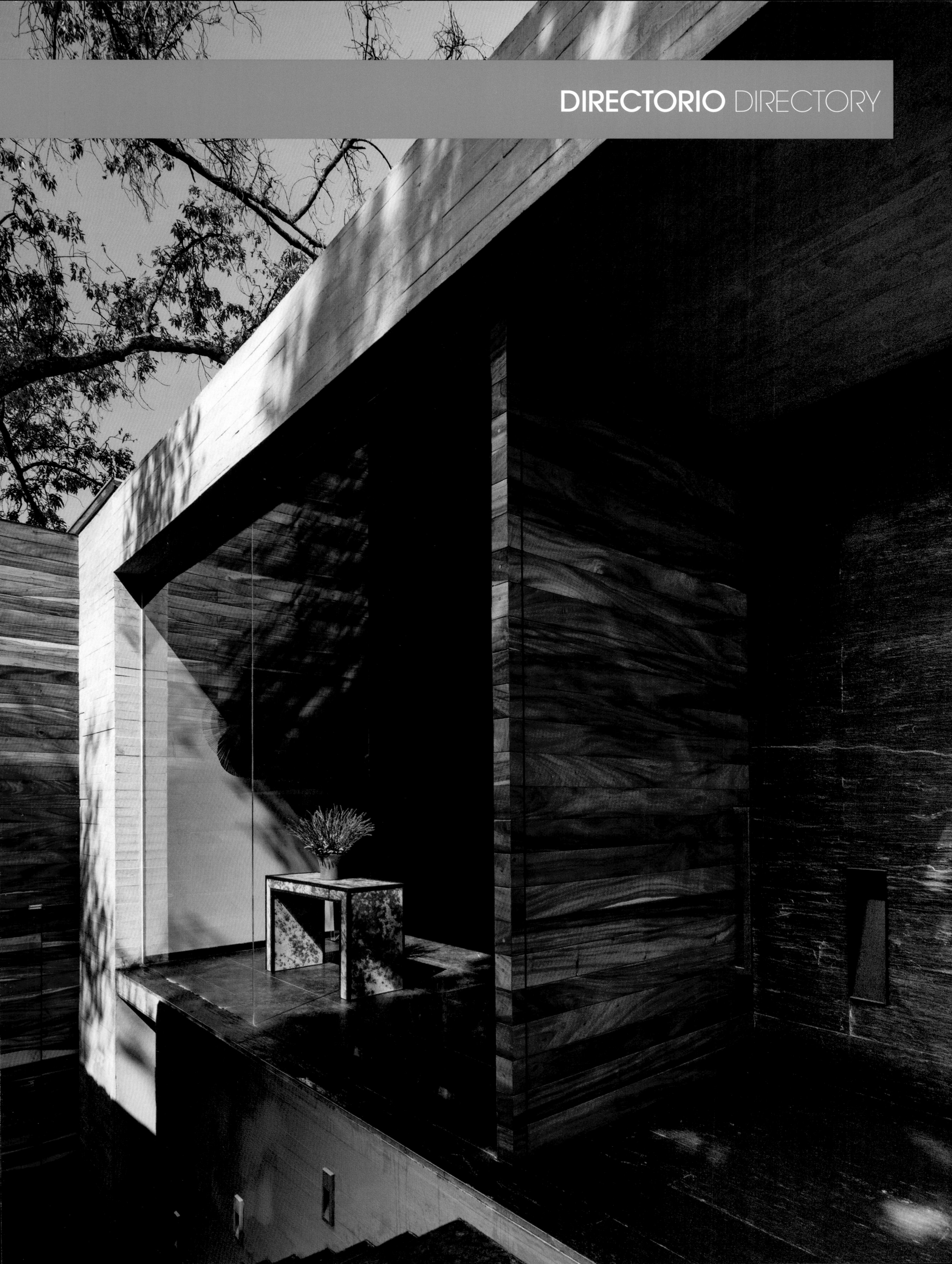

RICARDO AGRAZ
AGRAZ ARQUITECTOS S. C.

MARIO ARMELLA GULLETTE
ARMELLA ARQUITECTOS

ENRIQUE BARDASANO MONTAÑO
DIEGO BARDASANO ARIZTI
ANDRÉS BARDASANO ARIZTI
BARDASANO ARQUITECTOS

San Felipe 872 Col. Capilla de Jesús,
Guadalajara, Jalisco, C.P. 44200
T. (0133) 38.27.45.00
F. (0133) 38.27.45.00
taller@agrazarquitectos.com
www.agrazarquitectos.com

Periférico Sur 1936 Despacho 301
Col. San Ángel, México, D.F., C.P. 01049
T. (52.55) 56.63.28.75 y 28.94
mario.armella@armella.com.mx
www.armellaarquitectos.com.mx

Juan Salvador Agraz 40 int. 412
Edificio Euro Center, Santa Fe, Del. Cuajimalpa
México D.F., C.P. 05120
T. (52.55) 52.92.88.50
bardasanoarquitectos@bardasanoarquitectos.com
www.bardasanoarquitectos.com

GERARDO BROISSIN
MAURICIO CRISTÓBAL
RODRIGO JIMÉNEZ
ALEJANDRO ROCHA
BROISSIN ARCHITECTS

EMILIO CABRERO
ANDREA CESARMAN
MARCO A. COELLO
C CÚBICA ARQUITECTOS

ALEX CARRANZA VALLES
GERARDO RUIZ DÍAZ
**CARRANZA Y RUIZ
ARQUITECTURA**

Circuito Circunvalación Oriente 24-A
Col. La Florida, Naucalpan de Juárez
Estado de México, C.P. 53160
T. (52.55) 53.74.13.56
info@broissin.com   www.broissin.com
www.broissinarchitects.blogspot.com
http://www.facebook.com/BROISSINarchitects

Paseo de los Laureles 458-604
Col. Bosques de las Lomas
Del. Cuajimalpa, México, D.F., C.P. 05120
T. (52.55) 52.59.32.16
cabrero@ccubicaarquitectos.com
acesarman@ccubicaarquitectos.com
mcoello@ccubicaarquitectos.com
www.ccubicaarquitectos.com

Av. de la Palma 8-502
Col. San Fernando la Herradura
Huixquilucan, Edo. de México, C.P. 52787
T. (52.55) 52.90.28.29
F. (52.55) 52.90.76.99
acv@tarme.com
grd@tarme.com
www.carranzayruiz.com

ARTURO CHICO CALVO
RODRIGO GONZÁLEZ SHEDID
PEDRO SHVEID SÁEZ
CGS ARQUITECTOS

FERNANDO CIBRIAN
CIBRIAN ARQUITECTOS

JORGE CONDE
CONDE & ARQUITECTOS

Constituyentes 1000, Piso 2
Col. Lomas Altas
México, D.F., C.P. 11950
T. (52.55) 55.70.25.00
contacto@cgsarquitectos.com.mx
www.cgsarquitectos.com.mx

Vía Atlixcayotl 3248
Plaza W, Puebla, Puebla, C.P. 72810
T. (52.222) 431.30.55
informes@cibrianarquitectos.com
www.cibrianarquitectos.com

Av. Juan Salvador Agraz 40 , Despacho 1104,
Col. Lomas de Santa Fe, Cuajimalpa,
México, D.F., C.P. 01210.
T. (52.55) 91.72.92.31/ (52.55) 52.92.83.68
F. (52.55) 52.92.83.68
contacto@condearquitectos.com
www.condearquitectos.com

FERNANDO DE HARO LEBRIJA
JESÚS FERNÁNDEZ SOTO
OMAR FUENTES ELIZONDO
BERTHA FIGUEROA PACHECO
ABAX

FRED DIONNE
DIONNE ARQUITECTOS

JAVIER DUARTE MORALES
DM ARQUITECTOS

Paseo de Tamarindos 400 B-102
Col. Bosques de las Lomas
México, D.F., C.P. 05120
T. (52.55) 52.58.05.58
F. (52.55) 52.58.05.56
abax@abax.com.mx
www.abax.com.mx

41 Poniente 2120 Int. 20 La Noria,
Puebla, Puebla C.P. 72410.
T. (52.222) 404.94.31- 32
proyectos@dionnearquitectos.com
www.dionnearquitectos.com

Prol. José María Morelos 2002
Col. Ocotepec
Cuernavaca, Morelos, C.P. 62220
T. (52.777) 317.78.78
F. (52.777) 313.97.29
jduarte@dmarquitectos.com
www.dmarquitectos.com

PATRICIO GARCÍA MURIEL
PGM ARQUITECTURA

CARLOS MAGAÑA VALLADARES
MAURICIO MAGAÑA FERNÁNDEZ
GRUPO MM

GENARO NIETO ITUARTE
GRUPO ARQUITECTÓNICA

Sierra Guadarrama 66 PB Col. Lomas Barrilaco
México D.F., C.P. 11010
T. (52.55) 55.40.68.96
pgm@pgmarq.com.mx
silvia@pgmarq.com.mx
www.pgmarq.com.mx

Blvd. Jorge Jiménez Cantú 5
Zona Esmeralda
Edo. de México, C.P. 52937
T. (52.55) 53.08.57.66 y 53.08.57.67
clientes@grupomm.com.mx
www.grupomm.com.mx

Prol. Paseo de la Reforma 39-208
Col. Paseo de las Lomas
México, D.F., C.P. 01330
T. (52.55) 52.92.00.56
F. (52.55) 52.92.36.81
gruparq@prodigy.net.mx
www.grupoarquitectonica.mx

JOSÉ M. NOGAL MORAGUES
NOGAL ARQUITECTOS

ÁNGEL OLAVARRIETA PEÑA
ÁNGEL OLAVARRIETA GONZÁLEZ

GILBERTO L. RODRÍGUEZ
GLR ARQUITECTOS

Campos Eliseos 215-E y Campos Eliseos 295
esq. Julio Verne Col. Polanco
México, D.F., C.P. 11500
T. (52.55) 52.82.19.68 y 52.82.15.84
corp_arquitectonico@yahoo.com.mx
www.nogalarquitectos.com.mx

T. (52.55) 65.88.23.47
angelolava_p@hotmail.com
angel.a.olavarrieta@gmail.com

Independencia 223, San Pedro Centro,
San Pedro Garza García, Nuevo León
T. y F. (52.81) 83.38.03.40 / 83.38.03.50
info@glrarquitectos.com
www.glrarquitectos.com

CARLOS STAINES
STAINES ARQUITECTOS

OSCAR URIBE VILA
URIBE + ARQUITECTOS

Blvd. Adolfo Ruiz Cortines 4302, Despacho 307,
Col. Ampliación Jardines del Pedregal
México D.F., C.P. 04500
T. (52.55) 55.68.47.93
T. (52.55) 51.35.53.89
administracion@st-a.com.mx
www.st-a.com.mx

General Antonio León 70-B1
Col. San Miguel Chapultepec
México D.F., C.P. 11850
T. (52.55) 26.14.67.33
contacto@uribearquitectos.com
www.uribearquitectos.com

Editado en Marzo de 2013. Impreso en China.
El cuidado de edición estuvo a cargo de
AM Editores S.A. de C.V.

Edited in March 2013. Printed in China.
Published by AM Editores S.A. de C.V.